AF197004

Der Bilderbuch-Sammelband:
Vom Windelfutsch, von der Schnullerfee und neuen Freunden
ISBN 978-3-86559-069-5, 8. Auflage 2024

Dieser Sammelband enthält die Bilderbuch-Hits:

„Der kleine Zauberer Windelfutsch"
© 2024 Bärbel Spathelf (Text)
© 2024 Susanne Szesny (Illustration)
© 2024 Albarello Verlag GmbH, Haan

„Ein Bär von der Schnullerfee"
© 2024 Bärbel Spathelf (Text)
© 2024 Susanne Szesny (Illustration)
© 2024 Albarello Verlag GmbH, Haan

„Im Kindergarten ist es toll!"
© 2024 Julia Volmert (Text)
© 2024 Susanne Szesny (Illustration)
© 2024 Albarello Verlag GmbH, Haan

Alle Rechte liegen bei
Albarello Verlag GmbH, Bahnstraße 17a, 42781 Haan
email@albarello.de, www.albarello.de

**Kostenfreie Ausdruckmöglichkeiten für die Bastelanleitung
der „Windelfutsch-Medaille" und für das „Schnullerfee-Brettspiel"
stehen im Internet bereit unter:**

www.albarello.de/Spiel- und Bastelideen

Der Bilderbuch-Sammelband
Vom Windelfutsch, von der Schnullerfee und neuen Freunden

Drei Bilderbücher von Bärbel Spathelf, Julia Volmert und
Susanne Szesny zu den Themen:
„Wie man die Windel loswird"
„Wie die Schnullerfee hilft, den Schnuller aufzugeben"
„Wie man im Kindergarten Freunde findet"

Mit Tipps und Ideen zu den Themen!

albarello

Ein Bilderbuch von Bärbel Spathelf
mit Bildern von Susanne Szesny

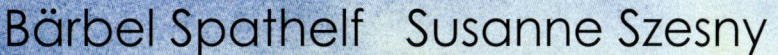

Bärbel Spathelf   Susanne Szesny

Der kleine Zauberer
Windelfutsch

oder Wie man die
Windel loswird

albarello

Das ist Stefanie. Stefanie ist drei Jahre alt und kommt bald in
den Kindergarten. Darauf freut sie sich sehr, denn ihre großen
Geschwister Katharina und Philip haben ihr schon so viel Tolles
vom Kindergarten erzählt.
Sie war auch schon mit Mama zum Anschauen da.
Aber seitdem ist Stefanie etwas bedrückt. Denn als Kirsten, die
Erzieherin ihrer Kindergartengruppe, sie durch das Haus geführt hat,
sind sie auch an den Kindertoiletten vorbeigekommen.
„Gehen die Kinder hier ganz alleine auf die Toilette?", hat Stefanie
verlegen gefragt.
Kirsten hat gelacht: „Natürlich! Kindergartenkinder sind doch schon
groß und brauchen keine Windel mehr."
Stefanie braucht aber noch eine Windel. Deshalb ist sie ein bisschen
rot geworden und hat nichts gesagt.

Stefanie kann sich gar nicht vorstellen ohne Windel herumzulaufen.
Sie wird zwar immer wütend, wenn Philip sie „unser Windelbaby" ruft.
Aber Stefanie denkt: „Soll er doch!"
Sie will nicht auf die Toilette gehen.
Dann hat ihr Mama ein Töpfchen gekauft und versucht ihr zu erklären,
was man damit macht.
Aber Stefanie hat geschrien und getobt und sich die Ohren
zugehalten. „Nein, ich will nicht! Lass mich in Ruhe."
„Komm, lass es uns mal probieren. Heute ist es schön warm
und du kannst ohne Windel und Hose herumlaufen", hat Mama
angeboten.
Stefanie hat genickt, aber als sie Pipi muss, zieht sie schnell
wieder ihre Windel an.

Ein paar Tage später hat Mama noch einmal versucht sie zu überreden: „Komm, heute Morgen lassen wir mal wieder die blöde Windel weg."

Doch schon nach kurzer Zeit hat Stefanie in die Hose gemacht. Sie fühlt sich unwohl mit dieser nassen Hose.

Mama hat zwar nicht geschimpft, aber sicherheitshalber zieht Stefanie doch wieder ihre Windel an.

Stefanie überlegt. Sie möchte natürlich auch bald in den Kindergarten gehen und endlich zu den „Großen" gehören.

Und die Windel gehört da einfach nicht hin.

Was soll sie nur machen?

Als Katharina aus dem Kindergarten nach Hause kommt,
sieht sie gleich, dass ihre kleine Schwester traurig ist.
„Was hast du denn?", fragt sie Stefanie.
„Ich habe heute Morgen in die Hose gemacht", sagt Stefanie betrübt.
Katharina tröstet Stefanie und sagt: „Komm, ich erzähle dir jetzt
die Geschichte vom Zauberer Windelfutsch."
„O ja!", freut sich Stefanie. Sie liebt die Geschichten von Katharina.
„Also, der Zauberer Windelfutsch", fängt Katharina an, „besucht große
Mädchen und Jungen, die immer noch mit einer Windel herumlaufen,
obwohl sie die gar nicht mehr brauchen. Er zeigt den Kindern,
wie man Pipi ins Töpfchen machen kann. Und das ist sehr, sehr lustig.
Danach wollen die Kinder gar keine Windel mehr anziehen. Und ich
glaube, sie bekommen auch noch ein Windelfutsch-Abzeichen."
„Woher weißt du das?", unterbricht sie Stefanie.
„Das hat mir Kirsten erzählt", antwortet Katharina.
„Vielleicht kann der Zauberer ja auch mal zu mir kommen", grübelt
Stefanie. „Oder besser doch nicht!", meint sie dann schnell.
„Es ist ja nur eine Geschichte", sagt Katharina. „Ich gehe jetzt raus
zum Spielen. Kommst du mit?"
Aber Stefanie bleibt lieber in ihrem Zimmer und denkt ein bisschen
über die Geschichte nach. Vielleicht wäre es doch gut, wenn
dieser Zauberer Windelfutsch auch mal zu ihr käme?

Während sie verträumt in der Ecke steht und mal wieder Pipi
in ihre Windel macht, hört sie plötzlich ein fröhliches Stimmchen.
„Hallo! Darf ich mich vorstellen? Ich bin der Zauberer Windelfutsch."
Ein kleiner Kerl mit spindeldürren Armen und Beinen rollt ein
neues Töpfchen mitten ins Zimmer und bleibt pustend stehen.
„So! Hier bin ich wohl richtig."
Stefanie schaut ganz verdutzt und bringt kein Wort heraus.
„Ja, du hast richtig verstanden. Ich bin der Zauberer Windelfutsch", kichert
er und springt um Stefanie herum. „Du kannst auch nur Windelfutsch
zu mir sagen. Und das ist dein neues Töpfchen", fügt der Zauberer hinzu.
„Dich gibt's ja wirklich", ruft Stefanie überrascht.
„Na klar gibt's mich", antwortet der kleine Kerl.
„Und kannst du auch zaubern?", will Stefanie wissen.
„Klar. Ich kann dir jetzt zum Beispiel sofort die Windel wegzaubern",
antwortet Windelfutsch. „Aber eigentlich wollte ich mal mit dir reden.
Ich denke, du bist jetzt alt genug um endlich ohne Windel herumzulaufen.
Immer dieses dicke Windelpaket. Das sieht bei einem so großen Kind
nicht besonders schick aus."
Damit watschelt er mit breiten Beinen vor ihr auf und ab.
„Sieht nicht so toll aus. Oder?", ruft er.

Stefanie kichert: „Nein, das sieht wirklich ziemlich doof aus.
Ich wusste gar nicht, dass ich auch so rumwatschele."
„Ohne Windel würde das bestimmt besser aussehen", sagt Windelfutsch
und tänzelt nun auf Zehenspitzen vor ihr herum.
„Aber wenn ich meine Windel nicht mehr habe, geht doch alles
in die Hose", jammert Stefanie.
„Du kannst doch auf die Toilette oder zum Üben auf dein Töpfchen
gehen", sagt der Zauberer.
„Wie soll ich das machen?", fragt Stefanie.
„Hat dir deine Mama nicht gezeigt, wie das geht?", ruft der Zauberer
Windelfutsch verwundert.
Stefanie schaut ihn an und zuckt mit den Achseln.
„Ach, hast du das denn noch nie versucht?", staunt der kleine Kerl.
„Nein, habe ich noch nie!", stammelt Stefanie und wird ein bisschen rot.
„Das gibt's doch gar nicht!", sagt Windelfutsch. „Also, jetzt pass
mal auf. Wir werden es zusammen ausprobieren."
Er schiebt ihr das Töpfchen vor die Füße.
„Und jetzt?", fragt Stefanie.
„Jetzt zieh erst einmal deine nasse Windel aus. Du weißt ja, wie
das geht", sagt der Zauberer.
„Kannst du sie nicht einfach wegzaubern", schlägt Stefanie vor.
„Klar kann ich das machen", antwortet der Zauberer und grinst.
„Sim sala bim! Windelfutsch!", ruft er laut und wedelt heftig mit
den Armen.
Und dann hat Stefanie plötzlich keine Windel mehr an.

„**K**lasse!", ruft Stefanie. „Was machen wir als Nächstes?"

„Jetzt überlegen wir uns erst einmal, wie das Pipi in das Töpfchen kommen soll. Hast du vielleicht einen Vorschlag?"

Stefanie überlegt kurz.

„Vielleicht so", sagt sie und stellt sich breitbeinig über das Töpfchen. „So mache ich auch in die Windel."

„Tja", sagt Windelfutsch. „Ich glaube, das funktioniert nicht. Mit Windel ist das kein Problem. Aber dein Pipi könnte so nicht bis in dein Töpfchen kommen", kichert er. „Deine Hose wäre bestimmt auch ganz schön nass geworden."

„Stimmt!", lacht Stefanie. „Das ist mir schon mal passiert."

„Jetzt mache ich mal einen Vorschlag und du sagst mir, ob das klappt", sagt Windelfutsch. Dann macht er einen Handstand und balanciert über dem Töpfchen.

Stefanie lacht laut los. „Das kann doch gar nicht funktionieren. Da würdest du doch erst recht ganz nass."

„Stimmt auch wieder", sagt der Zauberer zerknirscht.

„Außerdem kann ich gar keinen Handstand", kichert Stefanie.

„**V**ielleicht kann ich es ja so machen", schlägt Stefanie vor
und stellt sich auf Hände und Knie und versucht ein Bein
über dem Töpfchen zu heben. „Hunde können das doch auch so!"
Aber es ist ganz schön schwierig und sie fällt beinahe um.
Zauberer Windelfutsch hält sich vor Lachen den Bauch.
Stefanie lacht auch.
„Das klappt wohl auch nicht", sagt sie. „Hast du einen
besseren Einfall?"
Windelfutsch grübelt nach und kitzelt sich dabei am Kinn.
Er setzt sich das Töpfchen auf den Kopf und sieht Stefanie fragend an.
„Eine blöde Idee", sagt Stefanie. „Denk weiter nach!"
„Vielleicht geht es ja im Liegen?", meint der Zauberer. „Schließlich
machen alle kleinen Kinder so in die Windel." Er legt sich neben das
Töpfchen und schaut Stefanie erwartungsvoll und fragend an.
Stefanie und Windelfutsch prusten gleichzeitig los vor Lachen.
„Hihi, so geht das auch nicht", lacht Stefanie. „Da würdest du ganz
sicher nass!"
Der Windelwicht hockt sich hin und überlegt weiter.
Und da hat Stefanie eine Idee.

„Ich glaube, ich weiß jetzt, wie es geht!", ruft Stefanie
und setzt sich auf das Töpfchen.
„Klasse Idee!" Zauberer Windelfutsch ist begeistert. „Und so
würde dein Pipi auch in dem Töpfchen landen. Ist doch eigentlich
ganz einfach", sagt er und grinst Stefanie an.
„Aber etwas Wichtiges habe ich noch vergessen", sagt Stefanie
und schaut an sich hinunter.
„Klar!", lacht Windelfutsch. „Du musst ja noch deine Hose
herunterziehen. Sonst hilft das ganze Hinsetzen nichts.
Ich glaube, du bist jetzt eine richtige Töpfchenmeisterin.
Du weißt jetzt genau, wie du aufs Töpfchen gehen musst, und
kannst endlich diese blöde Windel weglassen. Und ich muss
sie nicht mehr wegzaubern."
„Stimmt", meint Stefanie, „ich muss es unbedingt mal richtig
ausprobieren." Doch dann kommt ihr noch ein neuer Gedanke: „Wie
weiß ich denn, wann ich aufs Töpfchen muss?"
„Ich glaube, du merkst doch selbst am allerbesten, wann du musst.
Stell dich mal ganz still hin, horche in dich hinein und frage dich, ob
du musst", antwortet der Zauberer. „Mit etwas Übung wirst du es
ganz schnell rausbekommen. Und wenn es soweit ist, läufst du zum
Töpfchen, ziehst einfach deine Hose herunter und setzt dich drauf."

„**M**mh", sagt Stefanie. „Da hast du eigentlich Recht.
Ich glaube, jetzt habe ich alles verstanden."

„Na, das ist ja prima", strahlt Windelfutsch. „Du hast den
Windelfutsch-Test bestanden und kannst jetzt mein Abzeichen
tragen." Damit überreicht ihr Windelfutsch eine kleine Medaille.
Stefanie hängt sie sich erfreut um den Hals.

„Immer wenn du das Abzeichen siehst, frage dich kurz, ob du aufs
Töpfchen musst. Nachher kannst du es ja gleich mal ausprobieren",
schlägt Windelfutsch vor.

Und damit du immer an mich denkst, habe ich hier noch eine
kleine Überraschung für dich. Sim sala bim!", ruft er und mit einem
zischenden Plop hat Stefanie plötzlich eine kleine Figur an einem Stab
in der Hand.

„Mein kleiner Helfer Fridolin", kichert der Zauberer.

Stefanie ist begeistert. „Das ist ja wirklich eine tolle Überraschung.
Vielen Dank, Windelfutsch." Sie gibt ihm einen dicken Kuss auf
seine Nase.

„Schon in Ordnung", sagt Windelfutsch ganz verlegen. „Jetzt muss
ich aber weiter. Es gibt noch so viele andere Kinder, denen ich auch
zeigen will, wie sie aufs Töpfchen gehen können."

„Wirklich? Andere Kinder wissen das auch nicht?", fragt Stefanie
erleichtert.

„Na klar. Was dachtest du denn! Also, viel Glück, Stefanie, und alles
Gute im Kindergarten!" Dann hüpft der Zauberer Windelfutsch
von einem Bein auf das andere, winkt fröhlich und ist auch schon
um die Ecke verschwunden.

„Danke, Windelfutsch!", ruft Stefanie ihm nach und winkt zurück.

Sie ist ganz aufgeregt, denn jetzt will sie es wirklich mal ausprobieren.

Sie nimmt ihr Töpfchen und rennt damit ins Bad. Dort gehen Philip und Katharina auch immer hin, wenn sie mal müssen.

Sie zieht ihre Hose runter, denn sie merkt deutlich, dass sie jetzt tatsächlich muss. Sie setzt sich auf ihr Töpfchen und macht Pipi. Geschafft! Es ist nichts danebengegangen und die Hose ist auch trocken geblieben.

„Mama!", ruft Stefanie. „Komm mal schnell!"

Stefanies Mutter kommt ins Bad und staunt.

Stefanie sitzt strahlend auf ihrem Töpfchen. „Mama, ich hab Pipi ins Töpfchen gemacht!", sagt sie stolz.

„Ja, das gibt es ja gar nicht. Das ist ja toll!", ruft die Mutter. „Wie hast du das denn geschafft?"

„Der Zauberer Windelfutsch hat es mir gezeigt. Und es ist ganz einfach", antwortet Stefanie.

„So, so. Der Zauberer Windelfutsch", sagt die Mutter und lächelt.

Sie hilft Stefanie vom Töpfchen, trocknet sie ab und zieht ihr Unterhose und Hose wieder hoch.

Da kommt Stefanie plötzlich ein Gedanke. „Aber wenn ich groß muss?", grübelt sie. „Was mache ich denn dann?"

„Na, dann gehst du auch aufs Töpfchen", antwortet die Mutter. „Und wenn du fertig bist, kannst du mich rufen. Ich helfe dir dann. Wenn du noch größer bist, kannst du auch auf die richtige Toilette gehen."

„Das musst du mir dann aber noch zeigen", sagt Stefanie.

Ohne Windel verlässt sie stolz das Badezimmer. Das neue Töpfchen und die Medaille vom Zauberer Windelfutsch muss sie unbedingt Katharina zeigen.

„Schau doch mal, was ich vom Windelfutsch geschenkt bekommen habe!", ruft sie und zeigt der erstaunten Katharina ihre Geschenke. „Und eine Windel brauche ich jetzt auch nicht mehr. Ihr dürft also nie mehr „Windelbaby" zu mir sagen. Ich bin nämlich schon groß."

Bis zum Beginn des Kindergartens hat Stefanie noch genug Zeit zum Üben. Manchmal fällt es ihr zwar schwer, rechtzeitig zum Töpfchen zu kommen. Aber die Medaille vom Zauberer Windelfutsch hilft ihr zu merken, wann sie muss.

Und als dann endlich der erste Kindergartentag beginnt, rennt Stefanie aufgeregt zu Kirsten und ruft voller Stolz: „Kirsten, ich brauche keine Windel mehr. Bin ich jetzt ein richtiges Kindergartenkind?"

Die Erzieherin lacht. „Aber natürlich. Das ist ja ganz toll, dass du das geschafft hast. Du musst mir mal erzählen, wie du das fertig bekommen hast."

„Das war lustig!", beginnt Stefanie und holt ihre kleine Figur Fridolin aus der Tasche. Dann erzählt sie Kirsten aufgeregt die Geschichte vom Zauberer Windelfutsch.

Unter 'www.albarello.de / Spiel- und Bastelideen' kann man sich die tolle 'Windelfutsch-Medaille', die in der Geschichte beschrieben wird, kostenfrei ausdrucken!

Ein Bilderbuch von Bärbel Spathelf
mit Bildern von Susanne Szesny

Das ist Katharina. Katharina ist schon groß.
Sie ist schon so groß, dass sie sich alleine anziehen kann.
Katharina kann schon ganz schnell Dreirad fahren.
Sie geht sogar seit kurzem in den Kindergarten.
Darauf ist sie besonders stolz.

Und das ist Katharinas Mama. Auch sie ist stolz darauf,
dass Katharina schon so vieles alleine kann. Sie lächelt,
wenn sie ihre kleine „große" Tochter anschaut.
Nur über eines ist sie etwas traurig.
Katharina hat immer einen Schnuller im Mund.

Eigentlich sieht man Katharina selten ohne ihren
geliebten Schnuller.
Katharina hat beim Spielen einen Schnuller im Mund.
Und wenn sie dann sagt: „Gibft bu mir mal ben Boll?",
weiß niemand, dass sie mit den Kindern Ball spielen will.
Katharina hat beim Vorlesen im Kindergarten einen Schnuller
im Mund. Da fällt es nicht immer gleich auf. Aber wenn
Katharinas Erzieherin die Kinder fragt: „Was hat denn
die kleine Maus in ihrem Mäusebau gemacht?",
und Katharina erzählt: „Die Mauf hat geflafen und
von einem Käfe gepräumt!", müssen die Kinder immer
furchtbar lachen. Dann schämt sich Katharina
und wird ganz rot.

Katharina hat auch beim Einkaufen einen Schnuller im Mund.
Sie freut sich, wenn die Wurstverkäuferin sie fragt:
„Möchtest du ein Stückchen Wurst haben?"
Aber Katharinas Antwort „If möfte Fleifwurft." kann
die Verkäuferin nicht verstehen und reicht Katharina
stattdessen ein Stückchen Blutwurst.
Doch die kann Katharina nicht ausstehen
und ist ganz enttäuscht.

Katharina hat selbst beim Spazierengehen einen Schnuller im Mund.
Wenn Katharina ihre Mutter dann bittet: „If möfte auf den Fpielplatf",
oder sie von ihrer neuen Freundin Veronika erzählt: „Mama,
die Wewonika hat heupe mip mir in der Puppenecke gefpielt",
schüttelt Katharinas Mutter nur verständnislos den Kopf.
„Mit dem Schnuller im Mund kann ich kein Wort von dem verstehen,
was du sagst. Nimm ihn doch bitte wenigstens beim Sprechen heraus."
Aber Katharina behält den Schnuller im Mund.

Außerdem zischt und spritzt es immer, wenn Katharina spricht,
und kleine Blasen blubbern unter ihrem Schnuller hervor.
Ihr Kinn ist meistens feucht. Deshalb trägt sie ein Tuch um den Hals,
damit nicht alles nass wird. Und mit dem Halstuch sieht sie gar
nicht mehr so groß aus.
Aber Katharina bleibt stur.

Katharinas Mutter versucht sie zu überzeugen:
„Katharina, du bist doch jetzt viel zu groß für einen Schnuller.
Wenn du immer mit einem Schnuller im Mund herumläufst,
denken die Leute, du seist noch ein ganz kleines Baby,
und wenn du noch lange einen Schnuller im Mund hast,
dann werden deine Schneidezähne ganz schief!"
Aber Katharina stampft mit dem Fuß und schreit:
„If möfte meinen Fnuller nift hergeben!", und
rennt aus dem Zimmer.

Am schlimmsten ist es jedoch abends, wenn Katharina
ins Bett gehen soll und ihr geliebter Schnuller nicht da ist.
„Ich will meinen Schnuller. Wo ist mein Schnuller.
Ich will nicht schlafen!", brüllt sie dann.
Sie gibt nicht eher Ruhe, bis ihre Mutter die ganze Wohnung
durchsucht hat und ihr Schnuller wieder aufgetaucht ist.

Doch eines Nachts wird Katharina plötzlich wach und schlägt die Augen auf. Vor ihrem Bett steht eine kleine Gestalt mit einem leuchtenden Stab.

Katharina fragt erstaunt: „Wer bift bu benn?"

Die Gestalt schaut sie fragend an.

Katharina nimmt schnell ihren Schnuller aus dem Mund und wiederholt: „Wer bist du denn?"

„Ich bin die Schnullerfee!", antwortet die Fee.

„Und was machst du hier bei mir?", fragt Katharina.

„Ich besuche jede Nacht große Kinder, die ihren
Schnuller nicht mehr brauchen", sagt die Schnullerfee.
„Die Schnuller sammele ich dann ein. Hier siehst du die,
die ich heute Nacht schon von anderen Kindern
bekommen habe." Sie zeigt auf die Kette um ihren Hals.
„Jedes Kind kann sich dafür ein Geschenk aussuchen.
Wenn du deinen Schnuller nicht mehr brauchst, darfst du
dir auch etwas Schönes wünschen."
„Mmh", antwortet Katharina. „Ich glaube aber, ich brauche
meinen Schnuller noch ein bisschen. Kommst du noch einmal
wieder?"
Die Schnullerfee lächelt und sagt: „Natürlich kannst du
deinen Schnuller noch behalten. Wenn du ihn nicht mehr brauchst,
komme ich dich wieder besuchen. Und wünsch dir was!"
Gleich darauf ist die Schnullerfee verschwunden und
es ist wieder dunkel in Katharinas Zimmer.
Es dauert eine ganze Weile, bis Katharina mit ihrem Schnuller
im Mund wieder eingeschlafen ist.

Am nächsten Morgen wird Katharina von Sonnenstrahlen geweckt und denkt sofort an die Schnullerfee.
Als ihre Mutter ins Zimmer kommt, erzählt sie ihr ganz aufgeregt: „Mama, heupe Naft hat mif die Fnullerfee befucht und wollte meinen Fnuller mipnehmen!"
Die Mutter schaut Katharina verwundert an.
„Und was hast du gesagt?"
„If weif es noch nift!", anwortet Katharina. „Aber wenn if es weif, dann fenkt sie mir waf!"
„Aha, das ist ja interessant", sagt Katharinas Mutter und macht sich so ihre Gedanken.

Den ganzen Tag denkt Katharina darüber nach,
was sie sich von der Schnullerfee wünschen könnte.
Im Kindergarten probiert sie schon einmal aus, wie das ist
ohne Schnuller.
Katharina steckt ihren Schnuller in die Kindergartentasche.
Das ist gar nicht so schwer.
Jetzt ist sie nicht mehr so sicher, ob sie ihren Schnuller
wirklich noch braucht.

Am nächsten Tag übt sie weiter. Endlich fällt ihr auch
ein Wunsch ein. Sie hätte gerne einen kuscheligen
Teddybären, den sie nachts in den Arm nehmen kann.
Das wäre ein tolles Geschenk.

Katharina denkt nach, wie sie der Schnullerfee
Bescheid sagen kann, was sie sich wünscht.
Das hat die Schnullerfee nämlich vergessen zu sagen.
Schließlich hat Katharina die Idee, ihr einen Brief
zu malen. Darauf ist ein Teddybär mit einer kleinen,
roten Schleife um den Hals zu sehen.
Den Brief zeigt sie noch ganz schnell ihrer Mutter
und legt ihn neben ihr Bett.
„Hoffentlif kommt die Fnullerfee heupe Naft.
If denke auch ganz feft an sie!", sagt Katharina zu
ihrer Mutter, bevor sie ins Bett geht.
„Oh, ich glaube bestimmt, dass die Schnullerfee
dich nicht vergisst", lächelt ihre Mutter. „Und nun
schlafe gut, Katharina."
Lange kann Katharina nicht einschlafen.
Als die ersten Sterne am Himmel blinken, steht die
Schnullerfee plötzlich an ihrem Bett.

„Hallo, Katharina, da bin ich wieder!", sagt sie und lächelt.
„Schön, dass du mich gerufen hast."
Katharina strahlt und sagt stolz: „Liebe Schnullerfee, du kannst
meinen Schnuller mitnehmen. Ich bin jetzt schon groß
und brauche ihn nicht mehr." Katharina hält ihren Schnuller
der Fee entgegen und sagt: „Mein größter Wunsch ist
ein Kuschelbär."
„Ich weiß", antwortet die Schnullerfee und holt aus ihrem
Umhang einen wunderschönen, kuscheligen Teddybären
hervor.
„Oh, danke", strahlt Katharina und schließt ihren neuen
Spielkameraden in die Arme.
Die Schnullerfee nimmt Katharinas Schnuller und hängt ihn
zu den anderen Schnullern an ihre Kette. „Weißt du, Katharina",
sagt sie, „jetzt kann man dich richtig gut verstehen.
Ich wünsche dir viel Spaß mit deinem Teddy."
Sie verabschiedet sich und verschwindet in der Nacht.
Katharina ist stolz und glücklich und schläft bald wieder ein.

Am nächsten Morgen wacht Katharina mit dem Kuschelbären im Arm auf. Sie läuft zu ihrer Mutter und erzählt ihr mit strahlenden Augen: „Mama, heute Nacht war die Schnullerfee wieder bei mir und ich habe ihr meinen Schnuller gegeben. Dafür hat sie mir den Teddy geschenkt!" Dabei drückt sie den Kuschelbären eng an sich. „Und sie hat gesagt, dass man mich jetzt ganz gut verstehen kann!", sagt Katharina stolz.

„Tatsächlich", staunt Katharinas Mutter.

„So schön hast du noch nie gesprochen. Das ist ja ganz toll. Nun bin ich aber froh, dass dieser dumme Schnuller endlich nicht mehr da ist", schmunzelt sie. „Prima, dass es eine Schnullerfee gibt."

Als Katharina fertig angezogen ist, will ihr
die Mutter noch schnell das Halstuch umbinden.
Aber Katharina wehrt ab: „Das brauche ich
doch jetzt nicht mehr. Hast du vergessen,
dass ich schon so groß bin?"

Dann nimmt sie ihren Teddy in den Arm und
macht sich auf den Weg zum Kindergarten.
Heute gibt es viel zu erzählen.

Ein Bilderbuch von Julia Volmert
mit Bildern von Susanne Szesny

Julia Volmert – Susanne Szesny

Im Kindergarten ist es toll!

albarello

„Jonathan, komm! Wir gehen zum Kindergarten!", ruft Mama.
Jonathan und sein Hase Hoppel verstecken sich im Kinderzimmer.
„Hoppel hat überhaupt keine Lust!", brüllt Jonathan.
„Warum kann ich nicht hier spielen, wie Nina?"
Nina ist seine kleine Schwester.
Gleich am ersten Tag im Kindergarten hat Sebastian ihn ausgelacht,
weil Jonathan beim Ballspiel nicht mitmachen wollte.
„Hahaha, du bist ja noch zu klein, du Hosenschisser!", hat
Sebastian geschrien und viele Kinder haben gelacht.
Dabei ist Jonathan gar nicht klein.
In die Hose hat er schon lange nicht mehr gemacht.
Jetzt traut Jonathan sich nicht mehr mitzuspielen.
Und im Stuhlkreis singt er nicht mit.
Er kennt ja die Lieder nicht wie die anderen.
Überhaupt macht ihm der Kindergarten keinen Spaß.

„Jonathan, komm! Nina sitzt schon im Kinderwagen!", ruft Mama.
„Sei ganz still, Hoppel", sagt Jonathan. „Vielleicht findet Mama uns nicht."
Aber Mama sagt nicht: „Wo ist denn mein Jonathan?", wie sonst,
wenn er sich versteckt.
Sie schaut auch nicht zuerst unterm Bett nach, sondern findet sofort
sein Versteck.
Mama zieht Jonathan die Schuhe und die Jacke an.
„Halt! Hoppel muss mit!", schreit Jonathan.
Dann gehen sie los.

Bald sind sie am Kindergarten.
Durch die Glastür sieht Jonathan schon Sebastian.
Sebastian streckt ihm die Zunge heraus.
Jonathan klammert sich an Mamas Bein.
„Hast du gesehen, Hoppel?", flüstert er.
„Hallo, Jonathan. Schön, dass du da bist", sagt Bärbel, die Erzieherin.
„Lass doch deinen Hasen hier sitzen."
Jonathan schüttelt den Kopf. „Hoppel will bei mir bleiben.
Er ist doch mein Freund."
Mama hängt seine Jacke und die Kindergartentasche
an den Kleiderhaken unter dem Feuerwehrauto.
Das ist nämlich Jonathans Garderobenhaken.
Jetzt will Mama gehen.
Sie umarmt Jonathan und gibt ihm einen Abschiedskuss.
„Hoppel hat gesagt, du sollst bleiben", sagt Jonathan
und hält Mama ganz fest. Er weint auch ein bisschen.

Da kommt Bärbel und nimmt Jonathan auf den Arm.

Jonathan weint noch lauter, doch Mama winkt und ruft: „Bis nachher!
Ich hole dich später ab!"

„Kannst du uns heute früher abholen? Hoppel langweilt sich hier", ruft er.

Mama geht mit Nina aus der Glastür. „Tschüss! Spiel was Schönes."

Jonathan würde gerne mal in der Bauecke spielen.

Aber es sind schon ein paar Kinder da, die eine Brücke bauen.

Jonathan guckt ein bisschen zu.

Dann sagt er: „Hoppel meint, man muss die Brücke anders bauen."

„Wer ist denn Hoppel? Dein Hase? Hahaha!", lachen die Kinder.

Da geht Jonathan weg.

„Die sind blöd, was, Hoppel?", sagt er.

Er steht mitten im Gruppenraum und weiß nicht, was er tun soll.

Bärbel nimmt Jonathan an die Hand.

„Möchtest du basteln?", fragt sie freundlich.

Aber Jonathan mag nicht basteln.

Bärbel führt ihn durch den Gruppenraum zu der Glastür, die
zum Spielgelände führt.

„Dann spiel doch draußen. Kennst du eigentlich schon unser
Geheimversteck?", fragt sie.

Ein Geheimversteck? Davon weiß Jonathan noch gar nichts.

Neugierig schaut er sich um.

Eine Rutsche, eine Schaukel, ein Klettergerüst. Eine große Sandkiste.

Jonathan sieht nichts Besonderes.

„Und wo ist jetzt das Geheimversteck?", fragt Jonathan.

„Hier!", sagt Bärbel. „Hier ist unser geheimes Baumhaus. Ganz versteckt
zwischen den Blättern. Ich hoffe, du kannst schon klettern?"

„Klar!", ruft Jonathan. Zum Baumhaus führt eine steile Klettertreppe hoch.
Man muss sich am Geländer festhalten. Das geht schlecht, weil Jonathan
Hoppel im Arm hat.

„Soll ich deinen Hasen festhalten?", fragt Bärbel.

Jonathan nickt.

Da weint ein Kind an der Schaukel.

Bärbel läuft dorthin, um das Kind zu trösten.

Jetzt steht Jonathan allein unter dem Baumhaus.
Bärbel hat Hoppel nämlich mitgenommen.
Jonathan stellt sich vor, dass dort oben ein Ungeheuer
haust. Es ist bestimmt gefährlich, die Klettertreppe hochzuklettern!
Da bleibt Jonathan lieber erst einmal hier unten. Er ist ein Forscher,
der das Ungeheuer beobachten wird. Später will er eine Falle bauen,
damit er das Untier fangen kann.
Plötzlich schaut ein Kopf aus dem Baumhausfenster.
Jonathan erschrickt richtig, weil er einen Moment lang geglaubt hat,
dass das Ungeheuer wirklich herauskommt.
Aber es ist nur ein Mädchen mit Brille, das auf ihn herunterschaut.

Jonathan dreht sich schnell um und will weglaufen.

„Hallo, bleib doch hier! Ich bin Lea", sagt sie. „Warum bist du denn so ängstlich?"

„Die Kinder lachen doch alle über mich", sagt Jonathan.

„Ich nicht!", versichert Lea. „Bestimmt hat sich Sebastian über dich lustig gemacht."

Jonathan nickt.

Lea sagt: „Mach dir nichts draus. Zu mir sagt er immer Brillenschlange. Das ist doch blöd, oder? Dabei kann ich mit der Brille viel besser sehen."

„Blöd ist das. Und gemein! Das finde ich auch", sagt Jonathan.

„**H**ast du gerade etwas gespielt?", fragt Lea.
Jonathan sagt: „Ich spiele, dass ich ein Forscher bin.
Ich jage ein sehr seltenes und gefährliches Ungeheuer."
„Kann ich mitmachen?", fragt Lea. „Ich wäre dann
eine Zoodirektorin, die das Ungeheuer gerne für ihren Zoo
haben will."
„Es wird aber nicht leicht, es zu fangen", erklärt Jonathan.
„Es ist nämlich sehr schlau. Ich baue gerade
eine Superfalle. Hier …"

Nachdem das Ungeheuer gefangen ist, spielen Jonathan und Lea Piraten.
Das Baumhaus ist jetzt der Ausguck vom Piratenschiff. Lea fragt Bärbel,
ob sie Sachen aus der Verkleidungskiste nehmen dürfen.
Bärbel hat nichts dagegen.
Jetzt ist Jonathan Kapitän Schwarzbart auf der Jagd nach einem
versunkenen Schatz.
Lea ist eine wunderschöne Piratenprinzessin.
„K-k-kann ich m-m-mitmachen?", fragt da jemand
mit schüchterner Stimme.
Jonathan und Lea schauen aus dem Fenster.
„Das ist Fabio", sagt Lea. „Ich finde, uns fehlt noch ein Steuermann."
Fabio holt sich schnell einen Hut und einen Holzsäbel.
Es ist sehr gut, dass sie jetzt einen Mann mehr an Bord haben,
denn sie müssen das Baumhaus gegen
einen Riesenkraken verteidigen.
Später geraten sie in einen mörderischen Sturm,
der so stark ist, dass alle Masten brechen.
Mit letzter Kraft lenken sie ihr Schiff
auf eine geheimnisvolle Dschungelinsel zu.

Da ruft Bärbel die Kinder zum Frühstück in die Gruppe.
Lea und Jonathan holen ihre Frühstücksdosen.
„Ich hab den Kleiderhaken mit dem Froschkönig", erklärt Lea. „Und du?"
„Den mit der Feuerwehr. Gut, nicht? Ich finde Feuerwehrautos klasse",
sagt Jonathan.
Er läuft zu seinem Haken. Neben seiner Kindergartentasche sitzt Hoppel.
Den hatte Jonathan ja beinahe vergessen! Schnell gibt er
seinem Hasen einen Kuss.
„Ich hab jetzt Hunger. Passt du schön auf meine Tasche auf, ja?"
Beim Frühstück sitzt Jonathan zwischen Lea und Fabio.
„D-d-d-das war echt ein doller Sturm", sagt Fabio.
Jonathan nickt und beißt in sein Brötchen.

Nach dem Frühstück wollen Lea, Fabio und Jonathan in der Bauecke spielen.

So viele Bausteine hat Jonathan zu Hause nicht.

Sven sitzt schon auf dem Bauteppich. Er baut einen Turm.

Jonathan traut sich jetzt nicht in die Bauecke.

Aber Lea zieht Jonathan mit und fragt: „Dürfen wir mitspielen?"

„Klar könnt ihr mitmachen!", sagt Sven.

Zusammen bauen sie den Turm noch viel höher.

„Das ist jetzt eine Raumstation. Vorsicht, Außerirdische greifen an!", ruft Jonathan.

„Super Idee!", sagt Sven.

Zusammen suchen sie in der Spielkiste nach Flugzeugen, die man als Raumschiffe nehmen kann.

Fabio findet auch einige Autos, die aussehen wie Mondfahrzeuge.

Und Sebastian?

Der sitzt alleine am Maltisch. Er guckt immer ganz neidisch zu ihnen herüber. Bestimmt würde er lieber mit ihnen Raumstation spielen.

Da ruft Bärbel: „Kinder, es ist Zeit zum Aufräumen! Alle Kinder,
die fertig sind, kommen zu mir und machen einen Stuhlkreis.
Wir wollen zum Abschluss noch ein Lied singen."
„Ooch, schade! Es war gerade so spannend", findet Jonathan.
„M-m-morgen spielen wir weiter", sagt Fabio, als sie
den Bauteppich aufräumen.
Kurz darauf sitzen alle Kinder im Kreis.
Gemeinsam singen sie ein Lied.
Die anderen Kinder kennen es schon, es hört sich schön an.
Bei der zweiten Strophe summt Jonathan leise mit.
„Ihr habt alle toll mitgesungen", lobt Bärbel. „Jetzt geht jedes Kind
zu seinem Garderobenplatz und zieht sich an. Wer Hilfe braucht,
sagt mir Bescheid."
Alle Kinder laufen zur Garderobe, um sich anzuziehen.

Mama steht mit Nina im Flur.

„Du bist ja schon da!", staunt Jonathan.

So schnell ist der Morgen herumgegangen.

Er zieht seine Hausschuhe aus und stellt sie unter die Bank.

Dann zieht er ganz alleine Jacke und Schuhe an und packt Hoppel
in die Kindergartentasche.

Mama staunt. „Hat Hoppel die ganze Zeit hier gesessen?", will sie wissen.

Jonathan nickt.

„Ja", sagt er. „Hoppel hat hier gewartet. Weißt du, er ist ein bisschen
zu klein, um im geheimen Baumhaus zu spielen. Dort wohnt ein Ungeheuer.
Das war zu gefährlich für so einen kleinen Hasen. Ich glaube, morgen
bleibt Hoppel mal zu Hause. Auf Wiedersehen, Bärbel!

Tschüss, Lea, Sven und Fabio! Ich freu mich schon auf morgen.

Dann spielen wir wieder Raumstation."

„Ja, genau, oder Dinoforscher!", ruft Lea ihm nach.

Jonathan winkt.

Mama fragt: „Und wie war dein Kindergartentag?"

„Heute war es im Kindergarten richtig toll!", sagt Jonathan.

Die Windelfutsch-Medaille

Diese Bastelvorlage kann man unter
'www.albarello.de / Spiel-und Bastelideen' kostenfrei ausdrucken
oder einfach diese Seite kopieren.

So wird's gemacht: Vorder- und Rückseite der Medaille ausschneiden.
Anschließend auf einen Karton aufkleben und wieder ausschneiden.
Am einfachsten ist es, die beiden Seiten auf einen Bierdeckel zu kleben.
Der Ausdruck bzw. die Vorlage hat genau die richtige Größe für einen
herkömmlichen runden Bierdeckel. Dann das Loch für eine Medaillenkordel
durchstechen und eine Kordel oder einen Wollfaden anknoten.
Fertig ist die Windelfutsch-Medaille!

Vorderseite

www.albarello.de

Gut gemacht! Du brauchst keine Windel mehr!

Rückseite

Liebe Grüße von Windelfutsch!

ACHTUNG: Aus Sicherheitsgründen
hängen Sie bitte keine geschlossene Kordel-
oder Wollfadenschlaufe um den
Hals Ihres Kindes! Befestigen Sie die Medaille
an einem Knopf oder Ähnlichem.

Das Schnullerfee-Brettspiel

Diese Spielvorlage inkl. der dazugehörigen Spielkärtchen kann man unter
'www.albarello.de / Spiel-und Bastelideen' kostenfrei ausdrucken.

Ein einfaches, aber fröhliches Spiel für alle, die den
Schnuller loswerden möchten.

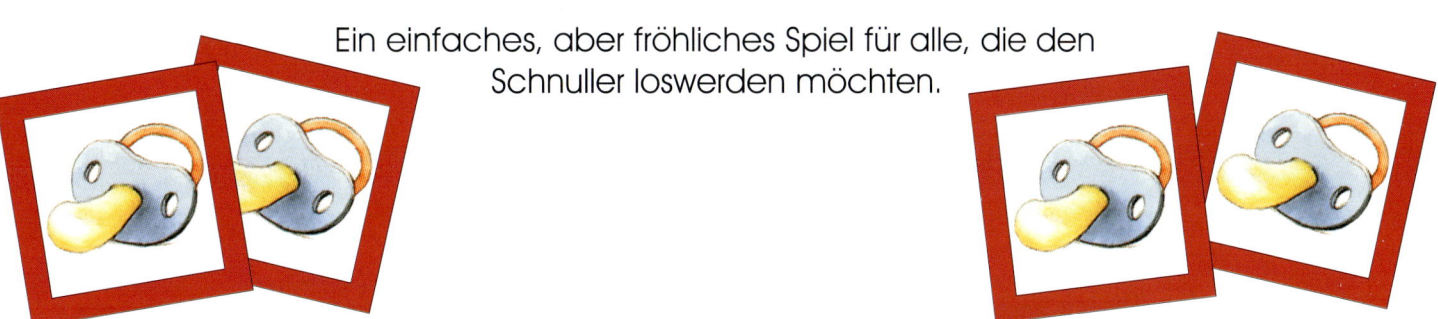

www.albarello.de

Ohne Schnuller kannst du
einfach nicht einschlafen.
1 Schnuller aus der Mitte
aufnehmen.

Du kaufst
ein und
siehst die
Schnuller.

Jeder
Spieler
gibt dir
1 Schnuller
ab.

Die Schnullerfee ist heute
besonders nett und du
schenkst ihr gleich
2 Schnuller.

Du findest einen lang ver-
missten Schnuller wieder.
1 Schnuller aus der Mitte
aufnehmen.

Die Schnullerfee besucht
dich. Du darfst 1 Schnuller
in die Mitte legen.

Illustrationen von Susanne Szesny aus "Ein Bär von der Schnullerfee"

← S T A R T

Die Schnullerfee besucht
dich. Du darfst 1 Schnuller
in die Mitte legen.

Wenn du jetzt keinen
Schnuller mehr hast, hast
du gewonnen und be-
kommst den Teddybären.

albarello

© bei Albarello Verlag GmbH. - Spiel zum Bilderbuch-Hit 'Ein Bär von der Schnullerfee' · Von Bärbel Spathelf und Susanne Szesny, ISBN 978-3-930299-22-5

Albarello - Für Kinder die schönsten Bücher.
Weitere Bilderbuch-Hits zu starken Themen:

DER BILDERBUCH-SAMMELBAND
„Sprechen, Trotzen, Größerwerden"
3 Bilderbücher in einem Band.
Julia Volmert (Text), Bärbel Spathelf (Text)
Pia Eisenbarth (Illu.), Susanne Szesny (Illu.)
ab 3, 96 Seiten, 22,5 x 28,5 cm
Hardcover, fester Einband
ISBN 978-3-86559-079-4

In diesem Bilderbuch-Sammelband sind drei märchenhafte Geschichten zum Thema Größerwerden zusammengefasst. Es geht um richtiges Sprechen, um die Anerkennung bei den Freunden und darum, dass Trotzanfälle einer Freundschaft im Weg stehen.

Der Sammelband enthält die Bilderbücher:

**Der kleine Ritter und
der dumme Trotz**
Julia Volmert (Text)
Pia Eisenbarth (Illustration)
Ein Bilderbuch, das zeigt, wie Kinder sich durch Ablenkung beruhigen können,wenn eine Trotzattacke droht.
Der Zauberrabe
Julia Volmert (Text)
Susanne Szesny (Illustration)
Ein Bilderbuch zur Spracherziehung, das die Freude an der Sprache weckt. Mit vielen Übungen zur Sprachförderung!
Philip und der Daumenkönig
Bärbel Spathelf (Text)
Susanne Szesny (Illustration)
Jedes Kindergartenkind hat kleine Geheimnisse, es kommt nur darauf an, wie man damit umgeht!
Zum Großwerden gehört es auch, dass man Gewohnheiten hinter sich lässt.

DER BILDERBUCH-SAMMELBAND
„VOM STREITEN, QUENGELN UND VERTRAGEN"
4 Bilderbücher in einem Band.
Julia Volmert (Text), Bärbel Spathelf (Text),
Christine Jüngling (Text)
Susanne Szesny (Illustration)
ab 3, 112 Seiten, 22,2 x 28,5 cm
Hardcover, fester Einband
ISBN: 978-3-86559-066-4

Vier Bilderbuch-Hits in einem Band!

Enthalten sind die Bilderbuch-Hits:

- DIE KLEINEN STREITHAMMEL
Bärbel Spathelf (Text)
- DER KLEINE, FRECHE QUENGELKASPER
Julia Volmert (Text)
- DER FREUNDSCHAFTSSTEIN
Christine Jüngling (Text)
- NICHT FLUNKERN, KLEINER PRINZ
Julia Volmert (Text)
Alle illustriert von Susanne Szesny

In allen Bilderbüchern dieses Sammelbandes geht es nicht nur um die richtige Art, sich mit anderen oder in der Gruppe auseinanderzusetzen, sondern auch darum, wie man Streit vermeiden kann.
Einfache Regeln helfen, die Lösungsansätze auch im Familienalltag oder im Kindergarten durchzuhalten.

DER BILDERBUCH-SAMMELBAND
„ICH PASS GUT AUF MICH AUF"
3 Bilderbücher in einem Band.
Julia Volmert (Text), Bärbel Spathelf (Text),
Susanne Szesny (Illustration)
ab 3, 96 Seiten, 22,2 x 28,5 cm
Hardcover, fester Einband
ISBN: 978-3-86559-068-8

In diesem Sammelband sind die drei Bilderbücher zu dem Thema 'Kinderselbstschutz' enthalten:

- PASS AUF DICH AUF!
Wenn dich ein Fremder anspricht
Bärbel Spathelf (Text)
- EIN SCHUTZENGEL FÜR DEN STRASSENVERKEHR
oder Die wichtigsten Tipps, wie man sich vor Unfällen schützen kann
Bärbel Spathelf (Text)
- WENN DU DICH VERLAUFEN HAST
oder Wie man mit dem Wiederfindebären wieder zurückfindet
Julia Volmert (Text)
Alle illustriert von Susanne Szesny

Die drei Bilderbücher zeigen, wie man sich Fremden gegenüber verhalten sollte, wie man im Straßenverkehr Unfälle vermeiden kann und was hilft, wenn man sich einmal verlaufen hat. Spätestens wenn Kinder eingeschult werden, bewegen sie sich allein in öffentlichen Räumen. Da ist es wichtig, schon Kinder im Kindergartenalter auf mögliche Gefahren hinzuweisen.

Alle unsere Bücher finden Sie unter:
www.albarello.de

Albarello - Für Kinder die schönsten Bücher.
Weitere Bilderbuch-Hits zu starken Themen:

  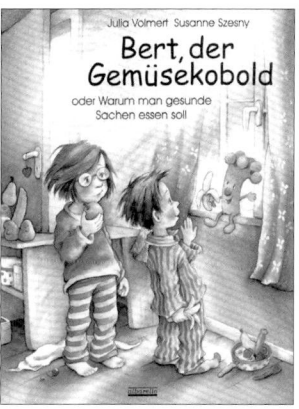

Der Bilderbuch-Sammelband
„NUR MUT, DU BIST STARK!"
Drei Bilderbücher in einem Band!
Christine Jüngling, Bärbel Spathelf,
Julia Volmert (Text)
Susanne Szesny, Jann Wienekamp (Illu.)
ab 3 Jahre, 96 Seiten, Fester Einband,
22,5 x 28,5 cm
ISBN 978-3-86559-075-6

Drei Bilderbücher über
Selbstvertrauen und wie man
eigene Stärken entdeckt in einem
Bilderbuch-Sammelband. Der Band
enthält die ungekürzten
Bilderbücher:

- Das Zaubermittel
Ein Bilderbuch, das zeigt, wie man
fast alles schaffen kann, wenn man
es sich nur zutraut.

- Halb so schwer, sagt der Bär!
Ein Bilderbuch, das hilft, kinderleicht
zu lernen, sich in kleinen Schritten
Erfolgserlebnisse zu erarbeiten und
nicht den Mut zu verlieren. Mit einer
zusammenfassenden Liste aller
Tipps am Ende der Geschichte.

- Immer nur Philip
Ein Bilderbuch darüber, dass jedes
Kind seine besonderen Stärken hat
und dass die Eltern jedes ihrer
Kinder gleich lieb haben!

Familiennah und alltagstauglich.
Bilderbücher aus dem Albarello
Verlag.

„HÄNDEWASCHEN – ICH MACH MIT!
oder Wie man sich vor ansteckenden
Keimen schützen kann"
Ein Bilderbuch zum Thema:
erste Hygieneregeln
Julia Volmert (Text und Illustration)
ab 3, 32 Seiten, 22,5 x 28,5 cm
Fester Einband
ISBN: 978-3-86559-091-6

Verstehen, warum das
Händewaschen so wichtig ist und
wie es richtig geht! Gerade bei
Krankheitswellen wird dieses Thema
immer wieder aktuell!

Mats Wildschwein hat im Matsch
gespielt. Nun setzt er sich mit
dreckigen Händen an den Tisch.
Klar, dass nun alle Tierkinder rufen:
„Solche Pfoten sind bei Tisch
verboten!" Finn Fuchs, sein neuer
Freund, erklärt Mats ganz genau,
wie man sich richtig die Hände
wäscht – sodass alle Bakterien
abgewaschen werden. Und Finn
weiß noch viel mehr: dass jedes
Kind sein eigenes Handtuch und
seinen eigenen Becher benutzen
soll. Und warum man andere
Kinder nicht anhustet, warum man
sich nach dem Toilettengang die
Hände waschen soll und vieles
mehr. Mit zusammenfassenden
Tipps im Anhang.

Ein Bilderbuch, in dem einfach und
humorvoll erste Hygieneregeln für
Kinder erklärt werden. So lernen
schon kleinere Kinder, wie man sich
vor ansteckenden Erregern
wirkungsvoll schützt.

„BERT, DER GEMÜSEKOBOLD"
oder Warum man gesunde
Sachen essen soll
Julia Volmert (Text)
Susanne Szesny (Illustration)
Mit Kinder-Kraftstoff-Anzeiger
als Bastelvorlage in jedem Buch!
Originalausgabe
ISBN 978-3-930299-76-8

Jonas und Lena meckern übers
Essen. Schon wieder hat ihre Mutter
„etwas Gesundes" gekocht.
Warum können sie nicht jeden Tag
Pommes und Hamburger essen wie
ihr Freund Max aus dem
Kindergarten? Doch plötzlich
taucht Bert, der kleine Gemüsekobold, auf. Der kann genau
erklären, warum gesundes Essen so
wichtig ist, was im Bauch passiert,
warum Essen Kraft gibt, und
schenkt den Kindern zuletzt noch
einen „Kinder-Kraftstoff-Anzeiger",
mit dem die Kinder jeden Tag über-
prüfen können, wie viel Gesundes
sie schon gegessen haben. So bekommen die Kinder spielerisch ein
Gefühl für bewusste Ernährung und
werden zudem noch angespornt,
Gesundes zu essen.

Alle unsere Bücher finden Sie unter:
www.albarello.de